WO IST PAULA?

Deutsch für die Primarstufe

4

Arbeitsbuch

Ernst Klett Sprachen
Stuttgart

Von
Ernst Endt, Michael Koenig, Petra Pfeifhofer, Marion Schomer, Nadine Ritz Udry
unter Mitarbeit von Hannelore Pistorius

Das Lehrwerk ist eine Neubearbeitung der Titel „Junior – Deutsch für die Romandie“ und „Der grüne Max 2 Neu“ von Elzbieta Krulak-Kempisty, Lidia Reitzig und Ernst Endt.

Wo ist Paula? Deutsch für die Primarstufe – Band 4

Kursbuch	605287
Arbeitsbuch mit MP3-Audios	605288
Lehrerhandbuch (zu Band 3 und 4)	605289
Lehrwerk digital (zu Band 3 und 4)	605293

Der Umwelt zuliebe!

Zu diesem Buch gibt es Audios, die mit der Klett-Augmented-App geladen und abgespielt werden können.

Laden im App Store
JETZT BEI Google Play

Klett-Augmented-App kostenlos downloaden und öffnen | **Seiten mit Audios** scannen | Audios laden, direkt nutzen oder speichern

Scannen Sie diese Seite für weitere Komponenten zu diesem Titel.

Audio-Dateien als mp3-Download unter www.klett-sprachen.de/paula/medien
Code: WiP@HT-3-4

1. Auflage 1 5 4 3 | 2024 23 22

Projektleitung und Redaktion Elke Sagenschneider Texte und Projekte, München
Innenredaktion Annie Faugère
Herstellung Carolyn Merkel
Layout Marlena Sang, Lassan
Illustrationen Hans-Jürgen Feldhaus; außerdem: Teresa Zalewska/Hoya
Cover Bettina Lindenberg unter Verwendung einer Illustration von Hans-Jürgen Feldhaus
Satz und Repro Fotosatz Amann, Memmingen
Druck und Bindung Elanders GmbH, Waiblingen

978-3-12-605288-7

9 783126 052887

Inhaltsverzeichnis

Rund um die Schule

Wetter, Freizeit und Ferien

Dieses Buch gehört:

Vorname: ______________________

Nachname: ______________________

Schule: ______________________

Klasse: ______________________

Symbole im Arbeitsbuch

ich höre 

wir sprechen 

ich erzähle 

ich lese 

ich schreibe 

du und ich 

wir spielen 

frag Familie und Freunde 

schwere Aufgabe 

Es geht wieder los.

Ich kann über meinen Stundenplan sprechen.

1 Schulfächer

Finde 10 Fächer (→↓) und markiere. Notiere dann.

M	F	R	A	N	Z	Ö	S	I	S	C	H
A	S	D	F	G	M	U	P	I	K	H	J
T	Q	W	E	R	T	N	O	U	I	F	D
H	C	V	G	E	O	G	R	A	F	I	E
E	O	P	Y	N	A	T	T	E	M	A	U
M	W	S	K	G	V	N	K	U	N	S	T
A	A	E	W	L	Z	J	N	G	T	Z	S
T	A	N	B	I	O	L	O	G	I	E	C
I	H	M	U	S	I	K	I	D	W	S	H
K	G	E	S	C	H	I	C	H	T	E	C
A	F	G	Z	H	Q	M	S	E	R	V	W

1 Kunst
2 ______
3 ______
4 ______
5 ______
6 ______
7 ______
8 ______
9 ______
10 ______

2 Welche Fächer haben die Schüler?

a Wie heißen die Fächer? Notiere beim passenden Bild.

1 Geografie

☐ ______

☐ ______

☐ ______

☐ ______

☐ ______

☐ ______

b Hör zu und nummeriere die Bilder.

3 Simons Fächergedicht

a Lies das Gedicht. Wie spät ist es? Zeichne die Uhrzeiten ein.

Um acht Uhr sage ich „Hello!",
da kommt Herr Miller rein. — Engl

Um zehn vor neun, da singe ich,
ein Rap, ein Blues darf's sein. — ____________

Um fünf nach zehn, da spiel' ich Ball,
da bin ich total froh. — ____________

Um zehn vor elf, da male ich
genial wie Picasso. — ____________

Halb eins ist eine gute Zeit,
da steht das Essen schon bereit. — Mittagspause

b Welche Fächer hat Simon heute? Notiere in **3a**.

c Hört das Gedicht und lernt es zusammen. Jeder sagt eine Strophe.

4 Was hast du am Mittwoch?

a Was antwortet Fabio? Lies den Text und notiere die Fächer.

Am Mittwoch habe ich vier Stunden. In der ersten Stunde brauche ich ein Lineal und einen Bleistift (für Geometrie). Danach haben wir das Thema Hunde. Von halb zehn bis zehn vor zehn haben wir keinen Unterricht. Um zehn vor zehn brauchen wir eine Landkarte. Und in der letzten Stunde haben wir meine Lieblingssprache. Im Sommer möchte ich nach England fahren.

Mittwoch	
8:00–8:45	____________
8:45–9:30	____________
9:30–9:50	Pause
9:50–10:35	____________
10:35–11:20	____________

b Und ihr? Sprecht über einen Schultag („uups"). Welcher Tag ist das? Ratet.

Am „uups" habe ich fünf Stunden. In der ersten Stunde brauche ich …

Das ist am …!

5 Schulfächer auf Deutsch und in deiner Sprache

Ergänze.

Deutsch 	**Meine Sprache** 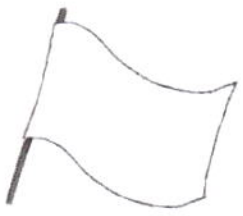
Englisch	________
Deutsch	________
Französisch	________
Geschichte	________
Geografie	________
Mathematik	________
Biologie	________
Kunst	________
Musik	________
Sport	________

6 Mein Fantasie-Stundenplan

Was hast du am Dienstag um zehn vor zehn?

... Und was hast du am ...?

a Schreibe alle Fächer in den Stundenplan links.

Mathematik – Biologie – Kunst – Französisch
Englisch – Deutsch – Geografie – Sport – Musik

ich

	Montag	Dienstag
8:00–8:45	Geschichte	________
8:45–9:30	________	Deutsch
9:50–10:35	________	________
10:35–11:20	________	________
11:35–12:20	Mathematik	________
12:20–13:05	________	________

mein/e Partner/in

	Montag	Dienstag
8:00–8:45	Geschichte	________
8:45–9:30	________	Deutsch
9:50–10:35	________	________
10:35–11:20	________	________
11:35–12:20	Mathematik	________
12:20–13:05	________	________

b Arbeitet zu zweit. Fragt abwechselnd.
Notiert die Antworten rechts und vergleicht dann.

2 Mein Lieblingsfach ist Sport.

Ich kann über meine Lieblingsfächer sprechen.

1 Familienfest in deiner Familie

a Was fragen deine Onkel, Tanten, Omas und Opas? Kreuze an.

- ☐ *Wie geht es dir?*
- ☐ *Wie sind deine Lehrer?*
- ☐ *Welches Fach magst du nicht?*
- ☐ *Was ist dein Lieblingsfach?*
- ☐ *Darf ich bitte auf die Toilette?*
- ☐ *Wie findest du die Musik von Bastian Baker?*
- ☐ *Magst du Pizza?*
- ☐ *Gehen wir Skateboard fahren?*

b Was fragen deine Verwandten noch? Notiere vier Fragen ins Heft. Arbeitet dann zu zweit. Fragt und antwortet abwechselnd.

Freunde – Fußball/Tennis/... – Klavier/Gitarre/...
Ferien – Lehrer – Hausaufgaben – ...

Magst du ...?
Hast du viele ...?
Spielst du (noch) ...?
Wie heißen deine ...?
Wann hast du ...?
Sind deine ... nett?
Wie findest du ...?

2 Über Schulfächer sprechen

a ☺ oder ☹? Zeichne die passenden Smileys ein.

- ☺ 1 ... finde ich gut/cool/super.
- ◯ 2 ... ist interessant/toll.
- ◯ 3 Ich liebe ...
- ◯ 4 ... ist mein Lieblingsfach.
- ◯ 5 ... finde ich nicht gut.
- ◯ 6 ... mag ich gern.
- ◯ 7 ... finde ich kompliziert.
- ◯ 8 ... ist langweilig/schwer.
- ◯ 9 ... mag ich nicht.

b Was sagen Martin und Sandra? Hör zu und schreibe: r (richtig) oder f (falsch)? (4)

1 Sandra findet den Unterricht nicht gut. r
2 Sie mag Biologie nicht. ___
3 Deutsch ist das Lieblingsfach von Martin. ___
4 Sandra findet Deutsch auch super. ___
5 Sandra liebt Spaghetti Bolognese. ___

3 Was passt? Ordne zu.

1 c Die Schüler mögen Bücher.
2 ___ Wir mögen Mathe nicht.
3 ___ Mögt ihr euren Sportlehrer?
4 ___ Leon mag Frau Bauer.
5 ___ Ich mag das Wochenende.
6 ___ Magst du Kunst?

a Da habe ich frei.
b Er findet sie toll.
c Sie lesen alle gern.
d Er sieht sehr nett aus.
e Oder malst du nicht gern?
f So viele Zahlen und Hausaufgaben!

4 Minidialoge

a Ergänze „mögen" in der richtigen Form. Übung **3** hilft.

1 ● __________ du Englisch? – ○ Nein, Englisch __________ ich nicht.

2 ■ Welche Schulfächer __________ ihr gern?

□ Alexander liebt Sprachen. Deutsch __________ er am liebsten.

Und Laura __________ Musik. Sie singt gern. Und ich __________ Geschichte.

3 ▲ Wie findet ihr Kunst? – △ Kunst __________ wir sehr gern.

4 ◆ Was __________ Tim und Pia am liebsten? – ◇ Sie __________ nur die Pausen.

b Sprecht die Dialoge zu zweit.

5 Mittagspause

a Wer mag was? Erzählt abwechselnd.

 ich …
 wir …
 du …
 ihr …
 er …
 sie …
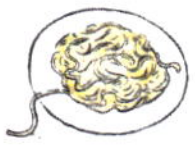 sie …
 Sie …

mögen Fisch
mögt Käse
magst Eis
mag Kuchen
mag Spaghetti
mögen Bratwurst
mögen Pizza
mag Salat

b Deckt die rechte Seite aus **5a** ab.
Erzählt noch einmal und macht passende Gesichter.

Ich mag Kuchen.

6 Eine E-Mail an meinen Freund / meine Freundin

a Lies noch einmal die E-Mail im Kursbuch, S. 12. Lies dann die Fragen 1–9.

1 Wie ist dein Stundenplan?
2 Was habt ihr am Montag in der ersten Stunde?
3 Wie findest du das?
4 Was hast du am Nachmittag?
5 Was ist dein Lieblingstag?
6 Was ist dein Lieblingsfach?
7 Welches Fach findest du auch gut?
8 Welches Fach magst du nicht so sehr?
9 Wann habt ihr das?

b Notiere deine Antworten auf die Fragen aus **6a** in der E-Mail. Wem schreibst du?

Liebe/r ______________________,

wie geht's in der Schule? Ich habe jetzt meinen Stundenplan.

Er ist ______________________ (1).

Am Montag haben wir in der ersten Stunde ______________________ (2).

Das finde ich ______________________ (3).

Am Nachmittag haben wir dann ______________________

______________________ (4).

Mein Lieblingstag ist der ______________________ (5). Da haben wir

______________________ (6). Das ist mein Lieblingsfach. Ich finde aber auch

______________________ (7) toll. Nur ______________________ (8) mag ich nicht

so sehr. Das haben wir am ______________________ (9).

Und du? Welche Fächer magst du und welche nicht so sehr?

Was ist dein Lieblingstag? Schreib mir doch mal!

Viele Grüße

____

c Arbeitet zu zweit. Fragt mit den Fragen aus **6a** und antwortet mit euren Informationen aus der E-Mail.

Wie ist dein Stundenplan?

Der ist … Und wie ist …?

Unser Lehrer ist sehr lustig.

Ich kann über meine Lehrer sprechen.

1 Interview mit der neuen Lehrerin

a Was fragen/sagen die Schüler? Ergänze.

Haben Sie Hobbys? Wie alt sind Sie? Vielen Dank für das Interview! Was unterrichten Sie? ~~Haben Sie einen Moment Zeit?~~ ~~Danke!~~ Mögen Sie die Anne-Frank-Schule?

○ Haben Sie einen Moment Zeit?

● Klar! Was möchtet ihr denn wissen?

○ ______

● Ja, ich finde sie toll. Die Kollegen sind hier so nett – und die Schüler natürlich auch!

○ ______

● Ich unterrichte Sport.

○ ______

● Ich bin 38.

○ ______

● Ja, ich lese gern und mache viel Sport. Im Winter fahre ich Ski und im Sommer jogge ich oft.

○ ______

Danke!

b Hör das Interview zur Kontrolle. Stimmt alles?

c Spielt das Interview zu zweit.

2 Wie ist . . . ?

a Was passt nicht in die Reihe? Markiere.

1 fair – ~~blond~~ – geduldig – streng – nett ______

2 klein – kurz – frech – lang – ______

3 alt – lieb – nett – sympathisch – ______

4 braun – schwarz – grau – lustig – ______

toll

groß

~~nett~~

rot

b Ergänze noch ein Wort in jeder Reihe in **2a**.

3 Wie sind die Lehrer? Hör zu und markiere.

6

1 fair geduldig lustig

2 cool streng geduldig

3 sympathisch streng nett

4 lustig fair frech

5 nett streng geduldig

4 Lehrer beschreiben

a Sieh die Bilder an und lies die beiden Texte. In jedem Text sind drei Informationen falsch. Markiere im Text und korrigiere.

Frau Liefers ist neu an der Goethe-Schule.

jung

Sie ist alt und kommt aus Hamburg.

Sie ist nett und ihre Schüler lieben ihren Unterricht. Der Unterricht ist langweilig.

Frau Liefers kann auch gut erklären und ist geduldig. In der Pause spricht sie oft mit den Schülern oder manchmal spielt sie auch Volleyball.

Herr Sulmann wohnt in Essen. Er ist groß

und seine Haare sind lang und schwarz.

Er hat zwei Katzen. Sie heißen Lilly

und Tilly und kommen manchmal mit

in die Schule. Herr Sulmann grüßt immer:

Er ist sehr nett und nicht sympathisch.

Seine Schüler finden Herrn Sulmann toll.

b Arbeitet zu zweit. Lest eure Texte laut vor und vergleicht.

c Deckt jetzt die Texte in **4a** ab und seht die Bilder an. Was könnt ihr über die Lehrer sagen? Erzählt abwechselnd.

5 Textsalat: Herr Seinemann und Frau Ihreberg

a Was gehört zusammen? Arbeitet zu zweit. Jeder schreibt einen Text ins Heft. Markiert im Heft: Was hilft beim Ordnen?

Der Lehrer heißt Pedro Sanchez.

Ihr Name ist Linda Ihreberg und sie wohnt in Münster.

Die Sportlehrerin ist sehr sympathisch.

Er ist 58 Jahre alt und kommt aus Spanien.

Am Montag fährt sie immer mit dem Fahrrad in die Schule.

Sie fährt sehr schnell.

Seine Muttersprache ist Spanisch, aber er spricht auch sehr gut Deutsch.

Er ist streng, aber fair.

Sie fährt 12 km in 30 Minuten.

Er gibt viele Hausaufgaben.

b Sieh das Foto an und lies die Informationen. Beschreibe die Lehrerin im Heft. Vergleicht dann zu zweit und lest die Texte vor.

Ina Mey – 38 Jahre – Wohnort: Bonn – lustig, nett
Hobbys: kochen, singen, Sprachen lernen

Die Lehrerin heißt Ina Mey. Sie …

Meine Wörter 1

1 Schulfächer

a Was gehört zusammen?

Mathe – Geo – Fran – Ge – Bio

ma – gra – zö – schich – lo

sisch – gie – fie – tik – te

____

____

____

____

____

b Was passt?

Mathematik – Englisch – Deutsch – Kunst – Musik – Sport

1 Wir singen Lieder. ______________________

2 Wir zählen „one, two, three“. ______________________

3 Wir malen Bilder. ______________________

4 Wir joggen eine halbe Stunde. ______________________

5 Wir lesen den Text „In der Schule ist was los!“ ______________________

6 Wir arbeiten mit Zahlen. ______________________

Nachdenken über Sprache

2 Vergleiche.

Wie heißt dieser Satz in deiner Sprache? Notiere.
Ist die Satzstellung gleich oder anders?

Um halb elf **haben** wir Deutsch.

____

3 Mathematik, Biologie, Englisch …

a Ordne zu.

… ist langweilig. Ich liebe … ~~… finde ich gut/cool/super.~~ … mag ich gern.

☺ … mag ich nicht. ☹

… finde ich gut/cool/super.

… ist interessant/toll. … finde ich kompliziert.

b Wie findest du …?
Schreibe zwei Sätze mit den Ausdrücken aus **3a** und ergänze die Fächer.

☺ ______________________

☹ ______________________

4 Aussehen und Charakter

a Was passt? Verbinde.

jung sympathisch streng geduldig blond **Aussehen** klein nett **Charakter** fair groß alt

b Was passt zu welchem Lehrer? Verbinde.

geduldig
lustig
sehr streng
sympathisch
unsympathisch
cool
nicht nett

4

Links in der Ecke ist ...

Ich kann mein Klassenzimmer beschreiben.

1 Was fehlt hier?

a Notiere die Wörter beim Artikel.

1 der	5 die
2 das Fenster	6 der
3 der	7 der Beamer
4 der	8 die

b Sprecht zu zweit. Welche Farbe haben die Dinge aus **1a** in eurem Klassenzimmer?

Der Beamer ist weiß.

c Seht das Bild an. Was kennt ihr noch? Was ist auch in eurem Klassenzimmer?

Der Papierkorb! Er ist blau.

2 Zwei Klassenzimmer

a Lies den Text. Welches Bild passt?

①

②

Unser Klassenzimmer ist nicht sehr groß. Rechts sind zwei Fenster. In der Mitte sind fünf Tische. Hinten an der Wand ist die Tafel. Links sind zwei Regale, eine Tür und ein Schrank. An der Wand sind Bilder und Poster. Vorne links wohnen drei Schildkröten.

b Arbeitet zu zweit. Nennt die Unterschiede.

Im Klassenzimmer 1 …

3 Das Vokabelzimmer

a Hör zu und notiere die Buchstaben in den richtigen Kästchen. Wie heißt das Wort?

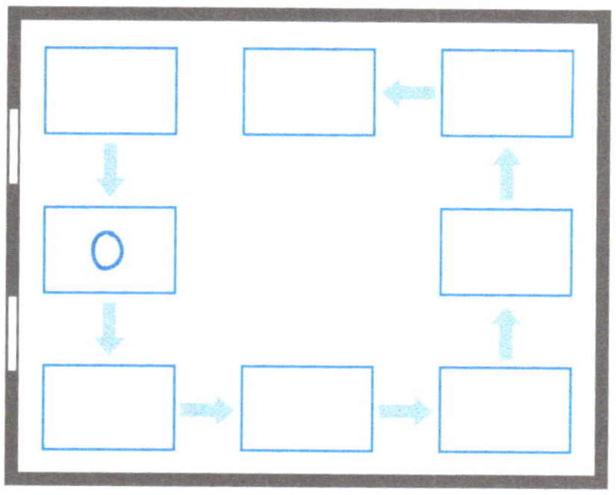

_ O _ _ _ _ _ _
1 2 3 4 5 6 7 8

b Arbeitet zu zweit. Macht ähnliche Aufgaben für euren Partner / eure Partnerin. Erklärt, wo die Buchstaben sind. Wechselt euch ab.

Hinten rechts ist ein …

4 Stühle, Tische, Regale …

a Wie viele Dinge siehst du? Notiere.

Da sind

_____ Stühle,

_____ Tische,

_____ Regale,

_____ Schränke,

_____ Computer,

_____ Lampen,

_____ Sofas und

_____ Bücher.

b Lest vor und vergleicht.

5 Singular – Plural

a Lest diese Wörter.
Sucht in einem Wörterbuch die Pluralformen und notiert sie.

Apfel, der – _____

Apfelkuchen, der – _____

Apfelsaft, der – _____

Apfelschorle, die – _____

Apfelsine, die – _____

Aquarium, das – _____

Armbanduhr, die – _____

Artikel, der – _____

Artist, der – _____

b Arbeitet zu zweit mit dem Wörterbuch. Ergänzt die Sätze.

Mein Wochenende: Am Samstag gehe ich mit meiner Mutter einkaufen. Wir kaufen auf dem Markt 1 Kilo (Apfel) _____, 2 Kilo (Tomate) _____ und 6 (Ei) _____. Beim Bäcker kaufen wir 10 (Brötchen) _____. Am Abend sehe ich fern: 2 (Stunde) _____! Am Sonntag mache ich zuerst meine (Hausaufgabe) _____ und am Nachmittag treffe ich meine (Freund) _____.

Wir machen ein Projekt!

Ich kann Aktivitäten vorschlagen und auf Vorschläge reagieren.

1 Aktivitäten der Projektgruppen

a Was gehört zusammen? Ergänze.

malen – schälen – singen – machen – spielen – ~~schreiben~~ – suchen – backen

Klavier ______	Kuchen ______
Texte schreiben	Lieder ______
Bilder ______	Flyer ______
Rezepte ______	Äpfel ______

b Kennst du noch weitere Aktivitäten? Notiere.

Koch-Gruppe: ______

Computer-Gruppe: ______

Musik-Gruppe: ______

Kunst-Gruppe: ______

c Arbeitet zu zweit. Sprecht über die Aktivitäten wie im Beispiel. Wechselt euch ab.

In der Koch-Gruppe suchen wir Rezepte, schälen …

In der Computer-Gruppe …

2 Projektgruppen

8

Lies die Sätze und hör zu. Kreuze an: richtig (r) oder falsch (f)?

	r	f
1 In der Koch-Gruppe sind Julia, Maximilian, Susanne und Florian.	☐	☒
2 „Die Kochlöffel" machen Monsterwürstchen und Spaghetti.	☐	☐
3 In der Schülerband sind vier Schüler.	☐	☐
4 Die Schülerband singt Hip-Hop und Popsongs auf Französisch.	☐	☐
5 In der Gruppe „Picasso junior" sind zwei Jungen und ein Mädchen.	☐	☐
6 Die Kunst-Gruppe macht eine Ausstellung zum Thema „Winter".	☐	☐

3 Ich gehe in die Koch-Gruppe. Macht ihr mit?

Was antworten die Jugendlichen? Ordne zu.

Pierre

Kochen ☺

Katharina

Kochen 😐
Computer ☺

Lucy

Kochen ☹
Computer ☺

Erol

Kochen ☺
Computer ☹

1 *Kochen ist doof!*

2 *Das ist super! Ich mache mit!*

3 *Computer sind langweilig. Ich finde Kochen klasse!*

4 *Ich weiß noch nicht. Ach nein, ich gehe in die Computer-Gruppe.*

4 Machst du mit?

a Was antwortest du? Übung **3** hilft.

1 Ich gehe in die Foto-Gruppe. Kommst du mit? ☺ Klar. Das ist super!

2 Ich bin in der Computer-Gruppe. Machst du mit? 😐 ____________

3 Ich gehe in die Musik-Gruppe. Wer hat Lust? ☺ ____________

4 Wir kochen gern. Wer macht mit? ☹ ____________

b Alles anders! Was antwortest du jetzt? Die Begründungen helfen.

1 Ich gehe in die Foto-Gruppe. Kommst du mit?

Nein, das ist langweilig. Ich fotografiere nicht gern.

2 Ich bin in der Computer-Gruppe. Machst du mit?

____________. Computer sind sehr interessant.

3 Ich gehe in die Musik-Gruppe. Wer hat Lust?

____________. Das Klavier ist laut und Singen ist doof!

4 Wir kochen gern. Wer macht mit?

____________. Vielleicht gehe ich in die Musik-Gruppe.

Mein Klassenzimmer ist ...

Ich kann sagen, wo die Schulräume sind.

1 Schulräume

a Wie heißt der Raum? Ergänze.

○ ___ hrer ___ ○

○ ___ ilet ___ ○

○ ___ lioth ___ ○

○ ___ rnha ___ ○

○ ___ mput ___ ○

○ ___ strau ___ ○

b Wo sagen die Lehrer und Schüler diese Sätze? Verbinde. Ein Raum bleibt übrig.

Hört bitte zu! Wir spielen jetzt Volleyball!

Malt eure Schule.

Ihr möchtet Frau Schneider sprechen? Wartet bitte hier!

Haben Sie ein Buch über Essen in Deutschland?

Sucht im Internet Informationen über Haustiere.

Nehmt bitte eure Bücher und Hefte. Die Deutschstunde fängt an.

Im Kunstraum

Im Lehrerzimmer

Im Klassenzimmer

In der Toilette

In der Bibliothek

In der Turnhalle

Im Computerraum

c Macht ähnliche Rätsel. Schreibt Sätze und lest dann vor. Der Partner / Die Partnerin sagt, wo das ist.

Jetzt spielen wir ...

Das ist in ...

2 Wo sind die Räume?

a Sieh die Pläne an und ordne zu.

Im Erdgeschoss

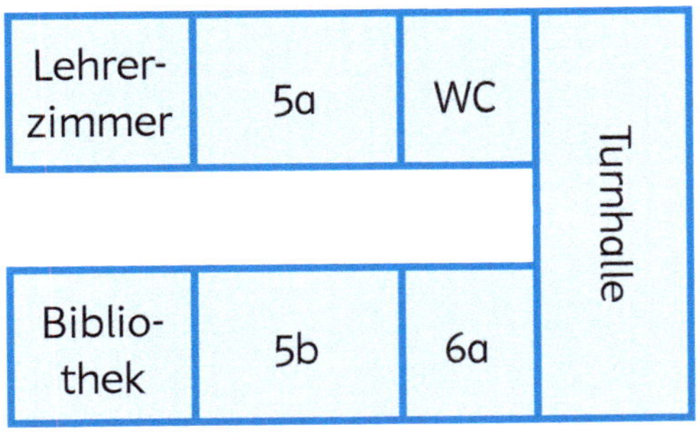

Im ersten Stock

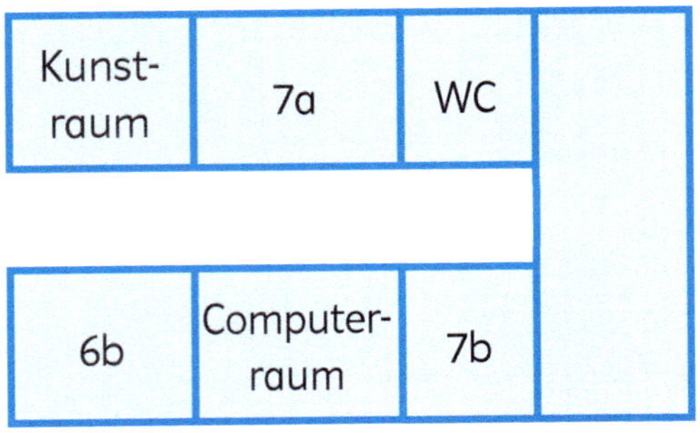

1 ___ Das Lehrerzimmer ist
2 ___ Der Computerraum ist
3 ___ Die Klasse 5b ist
4 ___ Die Turnhalle ist
5 ___ Die Klasse 7a ist
6 ___ Der Kunstraum ist

a rechts neben der Toilette im Erdgeschoss.
b links neben der Klasse 7a.
c links neben der Toilette im ersten Stock.
d im Erdgeschoss neben der Klasse 5a.
e rechts neben der Bibliothek.
f im ersten Stock neben der Klasse 6b.

b Sieh die Pläne an und ergänze die Dialoge.

~~Erdgeschoss~~ – ersten Stock – im – links – neben – Toilette

- ● Entschuldigung, wo ist hier die Turnhalle?
- ○ Die Turnhalle? Im Erdgeschoss (1).

- ▲ Hallo, du! Wo ist das Lehrerzimmer, bitte?
- △ Ganz einfach – ___ (2) der Klasse 5a.

- ■ Entschuldigung, wo ist denn die ___ (3)?
- □ Hier im ___ (4) ist sie neben der Klasse 7a. ___ (5) Erdgeschoss ist sie ___ (6) neben der Turnhalle.

c Lest die Dialoge zu zweit.

d Macht zu zweit ähnliche Dialoge.

3 Die neue Schule

a Hör zu und ergänze den Plan. Wo ist das Klassenzimmer?

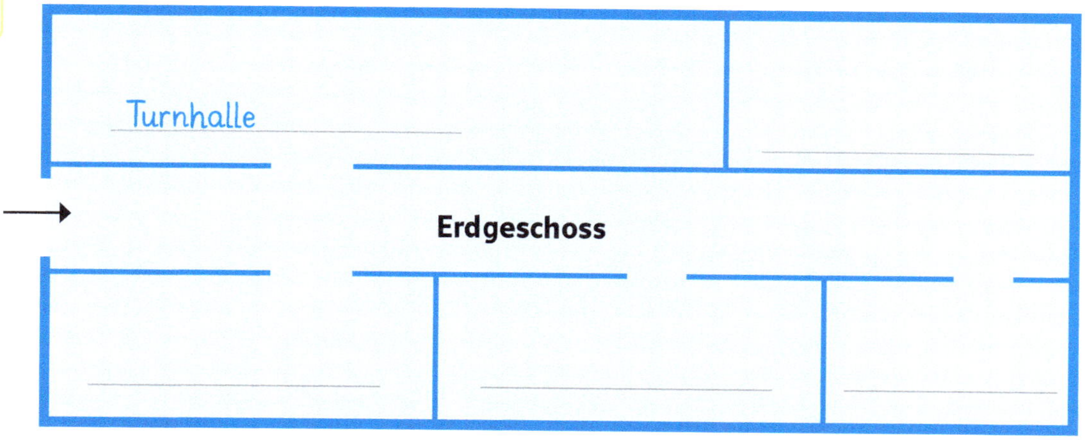

Das Klassenzimmer ist ______________________________,

neben dem ______________________________.

b Vergleicht zu zweit. Erzählt abwechselnd.

Die Bibliothek ist …

4 Spiel: Räume in unserer Schule

Spielt in Gruppen. Schreibt die Räume eurer Schule auf Zettel. Jeder zieht einen Zettel und sagt, wo der Raum ist. Für jeden Raum gibt es einen Punkt. Wer noch einen Satz über den Raum sagt, bekommt einen Extrapunkt!
Wer hat die meisten Punkte?

Meine Wörter 2

1 Ein Klassenzimmer

a Welche Dinge sind das?

die

b Wo sind die Dinge? Ergänze.

~~rechts~~ links hinten rechts in der Mitte

1 ______ an der Wand ist ein Plakat.

2 ______ ist ein Computer.

3 ______ in der Ecke ist eine Tür.

4 ______ sind drei Stühle und zwei Tische.

5 ______ an der Wand ist eine Tafel.

Nachdenken über Sprache

2 Singular – Plural

a Markiere den Plural.

1 der Stuhl – die Stühle
2 der Tisch – die Tische
3 die Pflanze – die Pflanzen
4 das Fenster – die Fenster
5 das Sofa – die Sofas
6 die Tür – die Türen

b Bilde nach demselben Muster.

1 die Wand – die W___nd___
2 das Regal – die Regal___
3 der Junge – ______
4 das Mädchen – ______
5 die Oma – ______
6 die Übung – ______

3 Kommst du mit? Machst du mit?

Arbeitet zu dritt. Sprecht mit Emotion. Wechselt ab.

Ich gehe schwimmen.
Ich gehe ins Kino.
Ich spiele Fußball.
Ich spiele Computer.
Ich male ein Bild.
...

Wer kommt mit?
Machst du mit?

Ich weiß noch nicht.
Ja, vielleicht.
Das ist super!
Das ist klasse!
Das ist toll!
Das ist doof!
Ach, das ist langweilig!
Ich finde ... langweilig.
Ich finde ... super.
Ich finde ... klasse.

Ich gehe ins Kino. Wer kommt mit?

Ich weiß noch nicht.

Ich finde Kino super!

4 Schulräume

a Bilde Wörter. Suche dann den richtigen Artikel im Wörterbuch.

Computer-	-halle
Lehrer-	-raum
Klassen-	-zimmer
Kunst-	
Turn-	

der Computerraum

____

____

____

____

b Wo ist das? Ergänze.

1 Hier malen die Schüler Bilder. Im ______________________

2 Hier haben die Schüler Deutsch, Mathe, Geschichte ... Im ______________________

3 Hier sind sehr viele Lehrer. Im ______________________

4 Hier surfen die Schüler im Internet. Im ______________________

5 Hier spielen die Schüler Volleyball oder Fußball. In der ______________________

Meine Stärken 1

Was kannst du schon? Kreuze nach jeder Aufgabe an:

☺ = Das kann ich. 😐 = Das kann ich noch nicht so gut. ☹ = Das kann ich nicht.

Hören

1 Informationen zum Stundenplan verstehen

(10) Was hat Konstantin wann? Ergänze.

	Montag	Dienstag	Mittwoch
8:00 – 8:45		Mathematik	Sport
8:45 – 9:30	Geografie	Mathematik	Sport
9:50 – 10:35		Englisch	
10:35 – 11:20	Musik	Biologie	Französisch
13:15 – 14:00		Deutsch	frei
14:00 – 14:45	Französisch	Kunst	
15:00 – 15:45	Deutsch		

Ich kann verstehen, wann welches Fach in meinem Stundenplan steht.	☺	😐	☹	E1, A2–5

2 Die Beschreibung von einem Klassenzimmer verstehen

(11) Was ist wo? Hör zu und zeichne. Was ist der Tisch von Lena?

Ich kann verstehen, wo sich Dinge in meiner Klasse befinden.	☺	😐	☹	E4, A2–3 E6, A2–3

Lesen

3 Einen Artikel über einen Lehrer verstehen

Lies den Text über Frau Jahn und kreuze an: richtig (r) oder falsch (f)?

Wir suchen wieder die Lehrerin oder den Lehrer des Jahres!

Hier eine Kandidatin:
Frau Jahn kommt aus Österreich, aber sie unterrichtet schon 28 Jahre an der Albert-Einstein-Schule in Köln.
Frau Jahn ist sehr sportlich: Sie fährt Ski und spielt Tennis. Ihr Lieblingssport ist aber Schwimmen. Sie schwimmt 100 m in zwei Minuten.
Frau Jahn macht auch einen Rock'n Roll-Kurs. Sie liebt Rock'n Roll-Musik und singt auch gern. An unserem Schulfest singt sie mit dem Musiklehrer in der Turnhalle.
Frau Jahn hat noch ein Hobby:
Sie schreibt Gedichte. Das ist super.

88 % der Schüler finden Frau Jahn sympathisch. Ihr Unterricht ist immer interessant und wir lachen auch viel. 81 % der Schüler sagen: Wir lernen bei Frau Jahn sehr viel und sehr gut. Hast du Probleme in der Schule? Dann frag Frau Jahn. Sie erklärt alles immer wieder – auch am Nachmittag.

So ist Frau Jahn: richtig toll!

	r	f
1 Frau Jahn ist die Lehrerin des Jahres.	☐	☐
2 Sie ist 28.	☐	☐
3 Sie macht auch im Winter Sport.	☐	☐
4 Sie hat zwei Hobbys: Sport und Musik.	☐	☐
5 Sie ist lustig.	☐	☐
6 Ihr Unterricht ist langweilig.	☐	☐
7 Frau Jahn ist geduldig.	☐	☐

Ich kann Informationen über eine Person verstehen, zum Beispiel welche Eigenschaften sie hat und was ihre Hobbys sind.	☺	😐	☹	E3, A1–2

Meine Stärken 1

4 Ein Interview verstehen

a Domino-Interview mit einem Lehrer. Was passt zusammen? Nummeriert und vergleicht zu zweit.

- Haben Sie ein (1)
- bisschen Zeit? *Ja, klar. Was möchtest* (2)
- Hanseschule? – *Ja, ich finde*
- unterrichten Sie schon? – *Sechs*
- *du wissen?* – Mögen Sie die
- *sie toll.* – Wie lange
- Ihre Hobbys? – *Ich singe gern und*
- *nicht sportlich.* – Mögen Sie
- sportlich? – *Nein, ich bin*
- Lieblingsfach? – *Ich unterrichte am liebsten*
- *einen Hund und eine Katze.*
- Tiere? – *Ja, sehr. Ich habe*
- *Geografie.* – Was sind
- *Jahre.* – Und was ist Ihr
- *ich spiele Saxofon.* – Sind sie auch

b Lest die Fragen und Antworten aus **4a** zu zweit. A ist der Schüler, B der Lehrer.

Ich kann den Ablauf eines Interviews verstehen.	☺	😐	☹	E3, A1

Sprechen

5 Ein Interview machen

Arbeitet zu zweit. Fragt und antwortet abwechselnd.

Hobbys/Freizeit – Lieblingstag
Lieblingsfach – Tiere – Lieblings…

Was ist dein Lieblingsfach?

Mein Lieblingsfach ist …

Bist du …?

Magst du …?

Was ist dein/e …?

Was sind dein/e …?

Hast du …?

Ich kann ein Interview mit einer Person machen.	☺	😐	☹	E2, A2 E3, A1

6 Sagen, wo die Schulräume sind

Schreibt die Schulräume in Schule A. Was ist wo? Fragt und antwortet abwechselnd. Was sagt euer/eure Partner/in? Schreibt die Antworten in Schule B. Vergleicht am Ende.

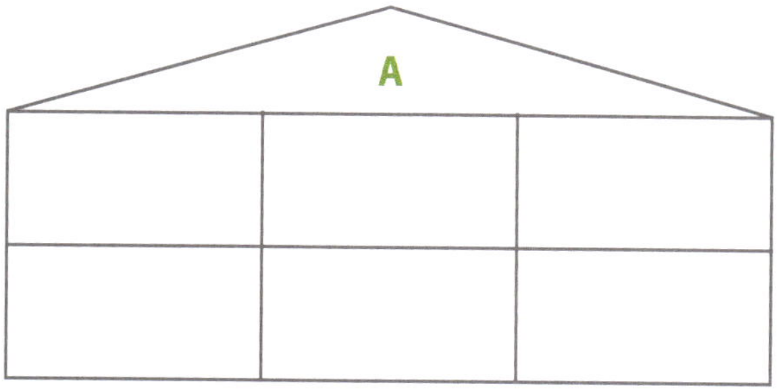

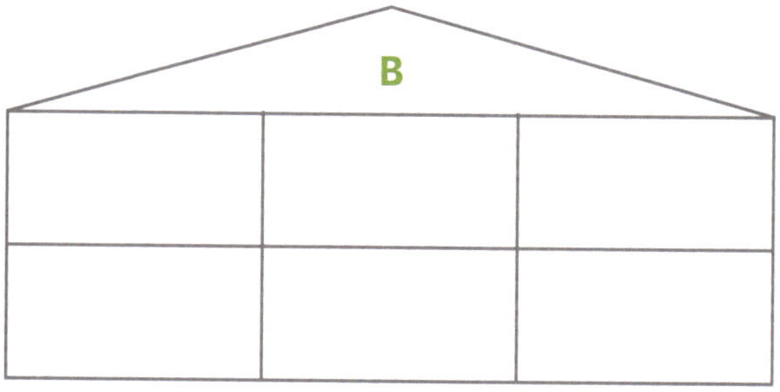

Wo ist der Kunstraum?

Der Kunstraum ist im Erdgeschoss links.

Wo ist …?

der Kunstraum – die Toilette
das Klassenzimmer – die Bibliothek
das Lehrerzimmer – die Turnhalle

Ich kann sagen, wo die verschiedenen Räume einer Schule sind.	☺	😐	☹	E4, A3 E6, A1–3

7 Aktivitäten vorschlagen und auf Vorschläge reagieren

Arbeitet zu zweit. Macht zwei Kärtchen mit je einem Smiley (☺ und ☹). A zeigt auf ein Bild und fragt, B zieht ein Smiley und reagiert. Fragt und antwortet abwechselnd.

Ich gehe ins Schwimmbad. Kommst du mit?

Keine Lust. Das Wetter ist nicht so toll.

Ich kann Aktivitäten vorschlagen und auf Vorschläge reagieren.	☺	😐	☹	E5, A1–3

Meine Stärken 1

Schreiben

8 Eine E-Mail zum Thema „Schule“ schreiben

a Ergänze den Text: **a**, **b** oder **c**? Kreuze an.

Lieber Jan,

hoffentlich geht es dir gut. Ich __(1)__ jetzt in die Waldschule. Die Schule __(2)__ ich wirklich super. Sie hat 200 __(3)__ und 20 Lehrer. Es __(4)__ einen Computerraum, ein Lehrerzimmer und viele Klassenzimmer. Und wir haben auch __(5)__ Turnhalle. Sie ist __(6)__ Erdgeschoss. __(7)__ Lieblingsfach ist Biologie. Das habe ich __(8)__ Donnerstag. Mein Klassenlehrer heißt __(9)__ Jung. __(10)__ ist fair und nett. Und er ist auch sehr __(11)__: Er fährt Fahrrad und schwimmt gern.

Und __(12)__ ist deine Schule? Sind deine Lehrer nett?

Viele Grüße und schreib mir bald!

Lara

1 a gehe b schwimme c reite	2 a male b finde c lerne	3 a Kinder b Schüler c Kunsträume	4 a macht b ist c gibt	5 a eine b zwei c keine	6 a am b um c im
7 a Mein b Dein c Sein	8 a im b um c am	9 a Herr b Frau c Marie	10 a Er b Es c Sie	11 a streng b sportlich c geduldig	12 a wo b was c wie

b Schreibe eine E-Mail über deine Schule an einen Freund oder eine Freundin. Der Text in **8a** hilft. Schreibe die E-Mail in dein Heft.

Ich kann einen kurzen Text über meine Schule schreiben.	☺	😐	☹	E1, A2 E2, A2 E3, A1–2 E6, A1–3

Es ist kalt und windig.

Ich kann über das Wetter und meine Kleidung sprechen.

1 Wie ist das Wetter? Ordne zu.

Es ist warm. – Es schneit. – Es ist bewölkt. – ~~Die Sonne scheint.~~ – Es regnet.
Es ist kalt. – Es ist windig. – Die Temperatur ist 10 Grad.

1 Die Sonne scheint. 2 ________ 3 ________ 4 ________

10°

5 ________ 6 ________ 7 ________ 8 ________

____

2 Das Wetter in Deutschland

12

Hör den Wetterbericht und ergänze die Symbole aus Übung **1** und die Temperatur auf der Karte.

3 Welche Kleidungsstücke sind das? Notiere.

①  ②  ③  ④  ⑤  ⑥ 

1 die Jeans ____________ 3 die ____________ 5 das ____________

2 der ____________ 4 der ____________ 6 die ____________

4 Mario und der Wetterbericht

a Ergänze die Sprechblasen.

bewölkt – kalt – ~~Jacke~~ – scheint – Schal – Wetterbericht – regnet

b Spielt die Geschichte zu zweit.

5 Noch ein Wetterbericht

Arbeitet zu zweit und fragt euch abwechselnd. Notiert die Antworten und vergleicht dann.

Wie ist das Wetter in Freiburg am Vormittag?

Am Vormittag regnet es.

A

	München	Freiburg	Berlin
Am Vormittag			
Am Nachmittag			
Am Abend			

B

	München	Freiburg	Berlin
Am Vormittag			
Am Nachmittag			
Am Abend			

6 Wie ist das Wetter in ...?

Finde heraus, wie das Wetter heute in diesen Städten ist. Notiere.

1 ______________________

____

____

2 ______________________

____

____

3 ______________________

____

____

8 Ich spiele lieber Eishockey.

Ich kann über meine Freizeit und meine Hobbys sprechen.

1 Welche Hobbys hat Finn?

a Notiere die Aktivitäten von Finn.

b Sprecht wie im Beispiel.

Finn macht gern Musik.

Finn macht gern Musik und … gern.

Finn macht gern Musik, … gern und …

2 Was machen die Jugendlichen gern?

a Schreibe Sätze.

1 Tobias spielt gern Fußball. Er ist oft auf dem Fußballplatz.

2 Emma ______________________. Sie hat viele Lieblingsrezepte.

3 Michael ______________________. Er hat neue Ski.

4 Patricia ______________________. Sie heißen Melanie, Robert und Emilia und gehen in ihre Klasse.

b Vergleicht zu zweit.

3 Noch mehr Freizeitaktivitäten

Ergänze die Sätze.

Max schwimmt ________ (1) gern. Er mag Wasser und Sport. Noch lieber fährt er ________ (2). Er ist oft im Skaterpark. Am liebsten ________ (3) er Bücher. Er ist jeden Tag in der Bibliothek.

Fiona ________ (4) gern ________ (5). Sie mag Hip-Hop. Noch lieber ________ (6) sie. Sie hat viele Fotos von ihren Hunden. Am liebsten geht sie ins ________ (7). Ihr Lieblingsfilm ist „Star Wars".

4 Die Hobbys von Nina und Florian

a Hör die Texte und markiere die Fehler.

Nina

Ich ~~mache~~ gern Musik – ich liebe Hip-Hop. Und ich spiele noch lieber Klavier. Ich bin auch in einer Band. Aber mein Lieblingshobby ist Reiten – im Sommer und im Herbst.

höre

Ich liebe Skateboard fahren, das mache ich sehr gern. Ich fahre jeden Tag drei Stunden! Noch lieber spiele ich Fußball. Das ist cool! Aber am liebsten lese ich Comics. Fantasybücher sind super!

Florian

b Hör noch einmal und notiere in **4a** die richtigen Wörter.

c Lest euch gegenseitig die korrigierten Texte vor.

5 Wer macht was gern – lieber – am liebsten?

a Schreibe kurze Texte.

Mia

♥  Mia spielt gern Gitarre.

♥♥  Sie spielt (noch) ______ Fußball.

♥♥♥  ______ sieht sie fern.

Tom

♥  Tom trifft ______
______ .

♥♥ 

Noch lieber ______
er ______ .

♥♥♥  Am liebsten ______
er ______ .

b Und du?

♥ Ich ______
______

♥♥ ______
______

♥♥♥ ______
______

Hokuspokus oder Dinos?

Ich kann sagen, was ich kann
und was ich (in der Freizeit) machen möchte.

1 Ungewöhnliche Hobbys

a Ergänze die Wörter im Rätsel. Wie heißt das Lösungswort?

1							T					
2			U									
3						L		T				
4				A		B						
5					S		O					
6				U								
7		D										
8	T			C								
9			S									
10							M			L		

1 Man kann Kaninchen aus dem **(1)** zaubern.
2 **(2)** ist ein Sport aus Japan.
3 Im Klettergarten kann man **(3)** und balancieren.
4 „Abrakadabra" sagt man beim **(4)**.
5 Reiten ist ein **(5)**.
6 Wie heißt das Wort richtig: R-E-P-S-U? **(6)**
7 Der Tyrannosaurus Rex ist ein **(7)**.
8 Im Zauberkurs kann man viele **(8)** lernen.
9 Im Dino-**(9)** kann man Dinos sehen.
10 Man kann Radiergummis, Stifte oder auch Fossilien **(10)**.

b Was kann man da machen? Ergänze. Übung **1a** hilft.

1 Im Klettergarten kann man klettern und ______________________.

2 Im Dino-Museum kann man ______________________.

3 Im Zauberkurs kann man ______________________.

4 Im Judokurs kann man ______________________.

2 Werbespots

a Welcher Spot passt zu wem? Hör zu und notiere die passende Nummer.

Ich möchte eine Sprache lernen.

Ich möchte ein Instrument spielen.

Ich möchte italienisch kochen.

Vanessa ______

Elias ______

Paul ______

b Hör noch einmal und mach Notizen.

1 Sprachkurs

Sprache: R ______

Wann: immer am ______

2 Musikunterricht

Instrumente: ______

Kursbeginn: am ______

3 Kochkurs

Speisen: ______

______

Wann: immer am ______

______

Wo: im Ristorante ______

3 Wer möchte was machen?

Lies die Sätze und ergänze.

Ein Mädchen mag Pizza und Spaghetti.

Ein Mädchen balanciert gern.

Ein Mädchen liebt Filme.

Ein Junge mag Sport aus Japan.

Ein Junge macht gern Kartentricks.

Ein Junge mag Dinos.

1 Marie	möchte	ins Kino	g______.
2 Leon	möchte	J______	lernen.
3 Melanie	______	in den Klettergarten	______.
4 Ricardo	möchte	ins ______	gehen.
5 Barbara	______	einen Italienisch-Kochkurs	______.
6 Patrick	______	einen Zauberkurs	______.

4 Wer kann was? Schreibe Sätze wie im Beispiel.

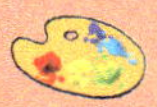

1 Alex	kann	gut	______ .
2 Sarah	______	gut	______ .
3 Mario und Sina	können	gut	______ .
4 Paula	______	gut	______ .
5 Lucy und Leon	______	gut	______ .
6 Ich	______	gut	______ .

5 Ferien

a **können** oder **möchten**: Was stimmt nicht?
Streiche das falsche Verb durch.

Ferien für coole Kids!

~~Könnt~~/Möchtet ihr mit anderen Spiele spielen und Sport machen?

Könnt/Möchtet ihr Tiere füttern und streicheln? Dann **könnt/möchtet** ihr jeden Tag kommen. Bei uns **könnt/möchtet** ihr spielen, schwimmen, klettern und noch mehr …

Wir haben auch Kaninchen und Meerschweinchen.

Termin: 3.–17. August, immer von 9–17 Uhr.

Wer **kann/möchte** mitmachen? Tel. 476580

b Wer macht mit? Kreuze an.

Ich mag auch Sport und ich kann auch gut klettern. Aber ich möchte nicht wegfahren, ich habe zwei Kaninchen.

B ☐

Ich liebe Sport und ich kann gut schwimmen und klettern. Und ich möchte gern eine Woche mit meinem Bruder Ferien machen, nicht mit meinen Eltern.

A ☐

Meine Wörter 3

1 Wie ist das Wetter?

a Ergänze.

1 Es ist windig.

2 Es ist ______

3 Die Sonne ______

4 Es ______

5 Es ______

6 Es ist ______

7 Es ist ______

10° 8 Die Temperatur ist ______

b Sieh die Karte an.
Wie ist das Wetter? Erzähle.

In Hamburg …

2 Kleidung

a Was ist das? Notiere.

die Mütze

______

______

______

______

b Male die Kleidungsstücke an.
Welche Farbe haben sie jetzt? Erzähle.

Die Mütze ist …

3 Was gehört zusammen?

Verbinde. Manchmal gibt es mehrere Möglichkeiten.

Freunde **Fahrrad** **Karten** **Musik** **Bücher**
Eishockey **ins Kino** **Skateboard** **Fossilien**

hören treffen spielen gehen
fahren sammeln lesen machen

4 Noch mehr Aktivitäten

a Welches Verb passt? Ergänze.

gehen – spielen – fahren – lesen – sammeln

1 Volleyball – Karten: ____________________

2 Schlitten – Fahrrad: ____________________

3 in die Schule – ins Schwimmbad: ____________________

4 Tierposter – Radiergummis: ____________________

5 Comics – Texte: ____________________

b Kennst du andere passende Wörter zu den Reihen in **4a**? Ergänze.

zu 1 am Computer, ____________________

zu 2 ____________________

zu 3 ____________________

zu 4 ____________________

zu 5 ____________________

5 Was machst du gern – lieber – am liebsten?

a Notiere drei Aktivitäten.

♥ gern ____________________

♥ ♥ (noch) lieber ____________________

♥ ♥ ♥ am liebsten ____________________

b Arbeitet zu zweit. Sprecht über eure Hobbys wie im Beispiel.

Ich … gern …

Noch lieber … ich …

Ich …

Am liebsten … ich … Und du?

In den Bergen, am Meer ...

Ich kann sagen, wo ich Ferien mache.

1 Ferien machen

a Wo ist das?

A in Afrika
B im Ferienlager
C zu Hause
D am Meer
E in den Bergen
F bei Oma Anna
G am See
H in Deutschland

b Wo sind die Jugendlichen? Ordne zu.

1 D Max taucht und surft.
2 ___ Felix fährt Ski und Schlitten.
3 ___ Eva sieht Giraffen und Elefanten.
4 ___ Inga isst immer ihr Lieblingsessen.
5 ___ Kaja und Mario sind in Köln.
6 ___ Sandra liest viel und spielt am Computer.
7 ___ Martin schwimmt und fischt.
8 ___ Hanna und Paul sind mit Freunden zusammen, spielen und singen Lieder.

2 Wo?

~~bei Oma und Opa~~ – bei Thomas – in New York – in Deutschland – in Berlin
in Wien – auf Amrum – in der Türkei – in Spanien

a Markiere mit drei Farben und sortiere. Was bleibt übrig?

Personen		Städte		Länder	
bei	Oma und Opa				

Lerne immer zusammen:
Ich bin **am Meer.**
in den Bergen ...
...

b Was fällt dir auf? Was ist immer gleich?

3 Aussprache

a Hör zu und ergänze die betonten Buchstaben.

im F_e_rienlager • in den B__rgen • in Sp__nien • in __frika • in D__tschland •
in der Schw__z • auf einer __nsel • in Berl__n • am M__r • am S__ •
am B__densee • bei __ma und __pa • bei Tante Mar__a • bei Onkel H__ns

b Hör noch einmal und sprich nach. Lest dann abwechselnd vor.

4 Ferien und Feiertage: Wo ist die Familie von Jan?

a Hör zu und streiche durch. Was stimmt nicht?
Hör dann noch einmal zur Kontrolle.

1 Mein Vater ist mit seiner Klasse oft *~~in den Bergen~~ / im Ferienlager*.
2 Meine Mutter ist gern *in Italien / in Spanien*.
3 Mein Bruder macht am liebsten Urlaub *am See / am Meer*.
4 Ich bin am liebsten *in den Bergen / im Ferienlager*.
5 Meine Schwester mag nur Ferien *am Bodensee / am Ammersee*.
6 Maunzi, unsere Katze, ist am liebsten *bei Tante Lisa / zu Hause*.
7 An Weihnachten und an Ostern sind wir immer alle bei Oma und Opa *in Bonn / in Biel*.

b Und wie ist das in deiner Familie? Schreibe einen kurzen Text in dein Heft.

5 Wort und Ort

Schüler A schreibt einen Ort auf einen Zettel und sagt ein typisches Wort.
Schüler B rät: Wo ist das? Wechselt ab.

bei Oma und Opa
in Spanien
in Deutschland
im Ferienlager

in den Bergen
am Meer
in der Schule
in Berlin
...

11

Liebe Grüße aus ...

Ich kann eine Postkarte aus den Ferien schreiben.

1 Fahren – aber wie?

a Ordne zu.

~~Bus~~ – Fahrrad – Skateboard – Auto – U-Bahn – Roller

1 mit dem Bus

2 mit der ____________

3 mit dem ____________

4 mit dem ____________

5 mit dem ____________

6 mit dem ____________

b Sprecht zu zweit wie im Beispiel. Womit fahrt ihr gern – lieber – am liebsten? Womit fahrt ihr nicht gern?

Ich fahre gern mit …

Ich fahre lieber mit …

Am liebsten fahre ich …

Ich fahre nicht gern mit …

Und ich fahre gern mit …

2 Hör zu und notiere die Adresse.

17

Clara ____________

____________ gasse ____________

____

____

3 Postkarte aus den Ferien

Was passt zu den Themen? Suche im Text und notiere.

Hallo Miriam,
ich bin in den Ferien bei Oma und Opa in Dortmund. Bei uns scheint die Sonne und es ist sehr warm. Wir gehen oft schwimmen. Das Schwimmbad ist echt klasse! Ich fahre auch oft mit dem Fahrrad und esse jeden Nachmittag Eis. Manchmal spiele ich mit Opa am Computer. Er kann das super! Meine Oma kocht immer mein Lieblingsessen: Brokkolisuppe. Das Leben ist schön ☺

Viele Grüße und bis bald!
Deine Olivia

Anrede: __________

Ort: __________

Wetter: __________

Aktivitäten: schwimmen, __________

____

____

Essen: Lieblingsessen, __________

____

Grüße: __________

4 Bild und Wort

a Was passt zusammen? Notiere.

Eis – am See – prima – windig – schwimmen
in den Bergen – surfen – es regnet – ~~langweilig~~

(A) 

☐ __________

(B) 

☐ __________

(D) 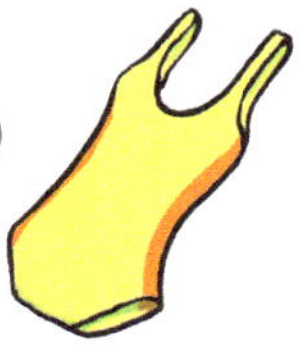

☐ __________

 (C)

☐ langweilig

(E) 

☐ __________

(F) 

☐ __________

(G) 

☐ __________

 (I)

☐ __________

 (H)

☐ __________

b Hör zu und kreuze in **4a** an. Welche Bilder passen zum Hörtext?

5 Eine Postkarte mit Bildern

a Ersetze die Zahlen durch Wörter. Die Bilder unten helfen.

Liebe Maria,
ich bin mit meiner Familie in Newcastle in (1) ________. Wir wohnen in einem super Hotel und alle sind sehr (2) glücklich. Heute ist das Wetter sehr gut, die (3) ________ scheint, aber oft (4) ________ es. So ist das Wetter in England ☺. Da kann man nichts machen. Wir sind oft im (5) ________ und fahren jeden Tag mit dem (6) ________. Ich spreche viel (7) ________. Nur das (8) ________ schmeckt mir nicht immer.
Deine Freundin Lena

Maria Hummel
Goethestraße 9
5020 Salzburg
Österreich

1 

2 

3 

4 

5 

6 

7 

8 

b Lest die Postkarte vor.

6 Eine Postkarte schreiben

a Arbeitet zu zweit. Schreibt selbst eine Postkarte wie in Übung **5** auf ein Blatt Papier. Arbeitet mit den Bildern aus Übung **4** und **5**.

Liebe Katharina,
ich bin zu Hause. Es ist sehr (C) ________ und es (4) ________ immer. ...

b Tauscht mit einem anderen Paar. Schreibt die richtigen Wörter in die Lücken. Lest dann die Postkarte vor.

Deutsch-Meister

Ich kann schon … sehr viel.

1 Geheimschrift-Meister

a Was steht da? Notiere die Sätze.

UNSERLEHRERISTSEHRNETT.ERLACHT
VIELUNDMAGSPORTUNDMUSIK.

1 Wellensatz: Das ist leicht!

Unser

2 Die Wörter sind alle rückwärts.

mA gatnoM tah eiraM ni red netsre ednutS ethcihcseG.

Am

3 Der erste und der letzte Buchstabe im Wort ist immer richtig.

Ich mlae sher gren. Mien Lgcbifinslaeh ist Knust.

Ich

4 Nur jeder 2. Buchstabe im Wort ist wichtig.

bCxaqrsmwebn iuznzd vCrlwagrsa amyödgsezn rSipfrkawchhdeon. eSeihe dspporme-jcnhoeln cEdnfgelviksdcah wSdpiawnhinswcth ruqned mDwejuftlsecsh.

Carmen

5 Chaossatz:
Das ist nicht so leicht, aber du schaffst das!

Un s E R K L A S S E N Z I M M E r IS T c o o l ES .
IB G T E i N K l IE ' A V N R E l A Q U a r IU M U N d
Z w e i M E R e S c H W E l C n h e N .

Unser

b Und jetzt ihr! Macht selbst ähnliche Rätsel.

2 Foto-Meister

a Mike ist ein Freund von Paul aus den USA. Er schickt Paul von seinem Handy Fotos aus dem Urlaub. Sieh die Fotos genau an und ergänze die Sätze. Der Kasten hilft.

My Mum and Dad

Toronto in Canada

Selfie von Mike

Hotel

Wednesday 12 July

Mike schwimmt im See

scheint – ~~Mama~~ – Bus – Stadt – können – Papa – perfekt – sehr – Hotel

1 Mike ist in Kanada mit _Mama_ und ______________________ .

2 Es ist toll und Mike mag seine Ferien ______________________ .

3 Mike und seine Eltern wohnen in einem ______________________ .

4 Toronto ist eine große ______________________ .

5 Das Wetter ist ______________________ . Die Sonne ______________________ oft.

6 Mike und seine Eltern ______________________ jeden Tag im See schwimmen.

7 Heute fahren sie mit dem ______________________ zu den Niagarafällen.

b Paul erzählt von Mikes Postkarte. Was sagt er? Arbeitet zu zweit.

Ich habe hier Fotos von …
Er ist in … Sein Urlaub ist …

3 Korrektur-Meister

a Hier findest du richtige und falsche Sätze. Streiche die falschen Sätze durch. Die Sätze links helfen.

1 Um acht Uhr **gehe ich** ins Kino.	**A** Um 12 Uhr spiele ich Fußball. ~~Um 12 Uhr ich spiele Fußball.~~
2 Ich **möchte** Gitarre **spielen**.	**B** Ich möchte lesen ein Buch. Ich möchte ein Buch lesen.
3 Am Wochenende **jogge ich** immer.	**C** Am Wochenende schlafe ich lange. Am Wochenende ich schlafe lange.
4 Marco **ruft** oft seine Mutter **an**.	**D** Sarah ruft gern an ihre Freundin. Sarah ruft gern ihre Freundin an.
5 Zum Frühstück **esse ich immer** eine Banane.	**E** Am Nachmittag oft esse ich einen Schokoriegel. Am Nachmittag esse ich oft einen Schokoriegel.
6 Am Dienstag **habe ich** Mathe.	**F** Am Montag hat Carmen Kunst. Am Montag Carmen hat Kunst.
7 Das ist **Maria**. **Sie** ist 13 Jahre alt. **Ihr** Hund ist sehr lieb.	**G** Das ist Emil. Sie ist 12 Jahre alt. Ihr Hund ist alt. Das ist Emil. Er ist 12 Jahre alt. Sein Hund ist alt.

b Hier findest du nur falsche Sätze. Korrigiere. Die Sätze links helfen. Welcher Satz links hilft bei welchem Satz rechts?

1 Um ein Uhr hört der Unterricht auf.	**A** ~~Leon kann malen sehr gut.~~
2 In Garmisch schneit es.	**B** Ich stehe um sieben Uhr auf. ~~Dann ich frühstücke.~~
3 Ich sehe um 20 Uhr fern. Dann schlafe ich.	**C** ~~Um acht Uhr fängt die Schule.~~
4 Ich kann sehr gut singen.	**D** ~~In Hamburg es regnet.~~
5 Bello ist drei Jahre alt.	**E** ~~In der ersten Stunde ich habe Deutsch.~~
6 Im Dezember feiern wir Weihnachten.	**F** ~~Im August wir machen Ferien.~~
7 In der letzten Stunde habe ich Biologie.	**G** ~~Meine Schwester hat elf Jahre alt.~~

Lösung: 1–C, 2–D, 3–B, 4–A, 5–G, 6–F, 7–E

Meine Wörter 4

1 Ferien machen

a Wo ist das?

am See – in den Bergen – im Ferienlager – zu Hause – bei Oma und Opa – am Meer

1 ______

2 ______

3 ______

4 ______

5 ______

6 ______

b Was machst du wo? Arbeitet zu zweit. Fragt und antwortet abwechselnd.

surfen – Freunde treffen – ins Kino gehen – tauchen – am Computer spielen – Volleyball spielen – Kuchen essen – lesen – singen – wandern – …

Was machst du am See?

Ich schwimme und tauche. Was machst du im …?

2 Verkehrsmittel

Womit fahrt ihr immer – oft – manchmal – nie? Warum? Sprecht zu zweit.

mit	dem	Auto/Bus/Fahrrad/Roller/Skateboard
	der	U-Bahn

Das ist schnell. / Das ist nicht schnell.
Das ist billig. / Das ist teuer.
Das macht Spaß. / Das macht keinen Spaß.
Das ist gesund. / Das ist nicht gesund.
…

Ich fahre oft mit dem Fahrrad. Das ist gesund und macht Spaß.

Ich fahre nie mit dem Skateboard. Das kann ich nicht.

3 Eine Postkarte aus den Ferien schreiben

a Wie schreibt man die Adresse? Ergänze.

Müller – Köln – 24 – DEUTSCHLAND – 50968 – Goethestraße – ~~Marie~~

Marie

b Ordne die Postkarte.

Leider ist das Wetter nicht so gut! [3]

Viele Grüße und bis bald! [ ]

Liebe Marie, [ ]

Aber das Essen ist super! Pizza und Eis! [ ]

ich bin zwei Wochen mit Mama und Papa in Italien. [ ]

Deine Inga [ ]

Wir können nicht im Meer baden. [ ]

Es ist windig und nicht sehr warm. [ ]

4 35 Wörter, 6 Themen

a Was gehört zusammen? Markiere jedes Thema mit einer Farbe. Aufgabe **4b** hilft.

Computerraum	streng	Tennis spielen	Deutsch	warm
Sport	Musik	malen	Sonne	Lehrerzimmer
windig	am Meer	kalt	Klassenzimmer	lustig
Kunst	Turnhalle	bewölkt	fair	Mathematik
sympathisch	Bücher lesen	zu Hause	am See	geduldig
Kunstraum	es regnet	in den Bergen	Musik machen	frech
Toilette	Geschichte	Bibliothek	Freunde treffen	cool

b Wie viele Wörter gehören zu jedem Thema?

1 Wetter: 6
2 Schulfächer: ____
3 Orte: ____
4 Aktivitäten: ____
5 Schulräume: ____
6 Charaktereigenschaften: ____

c Wähle ein Thema und schreibe einen Satz dazu.

____

Meine Stärken 2

Was kannst du schon? Kreuze nach jeder Aufgabe an:

☺ = Das kann ich. 😐 = Das kann ich noch nicht so gut. ☹ = Das kann ich nicht.

Hören

1 Die Beschreibung einer Person verstehen

19

Hör zu. Wer ist Lilly, wer Pia und wer Emilia?
Schreib die Namen unter das passende Bild. (Ein Bild bleibt übrig.)

Ich kann verstehen, welche Kleidung jemand trägt.	☺	😐	☹	E7, A3

2 Informationen zum Thema „Ferien" verstehen

20

Hör das Gespräch. Welche Bilder passen? Verbinde.

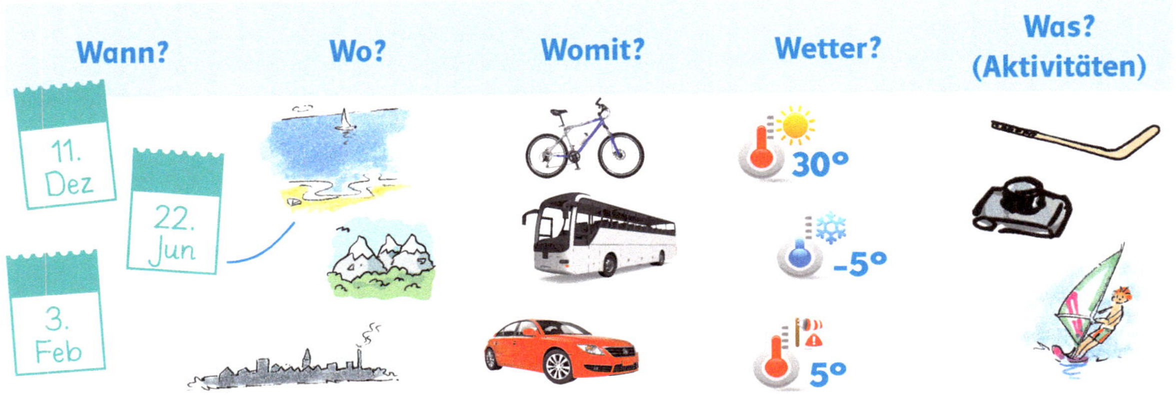

Ich kann verstehen, wann jemand in Ferien fährt, wo er seine Ferien verbringt, was er macht und wie das Wetter ist.	☺	😐	☹	E7, A1, A3, E8, A1 E10, A2

Lesen

3 Eine Online-Postkarte verstehen

Lies die Postkarte und sieh die Fotos aus Toms Ferien an.
Kreuze an: richtig (r) oder falsch (f)?

Liebe Sandra,

herzliche Grüße aus Garmisch.

Ich bin hier bei meiner Tante Marie. Sie hat ein Haus in den Bergen [r] / [f]. Das Wetter ist toll: Die Sonne scheint [r] / [f] und ich fahre jeden Tag Skateboard [r] / [f]. Auch das Essen ist super. Meine Tante kann sehr gut kochen. Heute gibt es mein Lieblingsessen: Schnitzel mit Pommes [r] / [f]! Lecker! Leider habe ich hier keine Freunde ☹ [r] / [f]. Aber ich kann im Internet surfen und dir schreiben [r] / [f] – das ist gut.

Liebe Grüße und bis bald!

Tom

Ich kann verstehen, wo jemand seine Ferien verbringt, was er macht und wie das Wetter ist	☺	😐	☹	E7, A1, A3 E8, A1 E10, A2 E11, A2

4 Kurze Anzeigen verstehen

Lies die Texte und die nummerierten Sätze. Welcher Satz passt zu wem? Ergänze die Namen der Jugendlichen. Zu zwei Sätzen passt kein Text. Streiche sie durch.

Wer macht was? Wer sucht was?

Hi, Leute, ich bin Stefanie.
Für meine Collagen suche ich noch Fotos zu „Ski fahren“ oder „Klettern“. Hast du Fotos? Dann rufe mich an: 04161/394 43 74

Skilager in Österreich

Skifahren ist bei mir auf Platz eins. Wer hat Lust und macht mit? Im Skilager sind noch zwei Plätze frei. Kommst du mit? Ich bin Sven Reuter und du kannst mich gerne anrufen:
Tel.: 04161 3629402

Kannst du Gitarre spielen? Nein? Dann ist mein Kurs genau richtig für dich. Wir haben Gitarren und Noten. Und zum Schluss machen wir auch ein kleines Konzert.
Meike Simmering, Klasse 11b, Austraße 18a

Montagabend, 19.4., gibt es „The Angry Birds Movie“ im Kino „Rex“. Leider habe ich keine Zeit, aber ich habe schon eine Karte. Möchtest du sie haben? Dann schreib mir: benjamin.diet@gmx.de Du bekommst die Karte für nur 4 Euro.

1 ______________________ möchte Unterricht geben und Musik machen.

2 ______________________ kann nicht ins Kino gehen.

3 ______________________ sammelt Sportbilder.

4 ______________________ möchte ein Instrument lernen.

5 ______________________ sucht eine Kinokarte.

6 ______________________ möchte in den Bergen Ferien machen.

Ich kann verstehen, was jemand macht und was er sucht.	☺	😐	☹	E9, A2

Sprechen

5 Sagen, was ich *gern* ♥ – *lieber* ♥ ♥ – *am liebsten* ♥ ♥ ♥ mache

Arbeitet zu dritt. Macht Kärtchen mit den Angaben links.
Zieht eine Karte und erzählt reihum. Die Aktivitäten rechts können helfen.

- im Sommer
- am Sonntag
- im Winter
- in den Ferien
- im Sportunterricht
- am Geburtstag
- in der Schule
- im Restaurant
- nach der Schule
- mit meinen Freunden
- …

klettern, Musik machen, Fahrrad fahren, kochen, Pizza essen, lesen, im Internet surfen, Klavier spielen, Freunde treffen, Freunde einladen, Oma und Opa besuchen, Kuchen backen, schreiben, Schlitten fahren, Eishockey spielen, lernen, Fußball spielen, malen, Musik hören, ein T-Shirt anziehen, Ski fahren, Skateboard fahren, Mathe machen, schwimmen, Saft trinken, ins Kino gehen, Eis essen, fernsehen, Hausaufgaben machen, …

Ich kann sagen, was ich gern, lieber und am liebsten mache.	☺	😐	☹	E8, A2, A3

Schreiben

6 Eine E-Mail aus den Ferien schreiben

a Vor dem Schreiben: Lies die E-Mail und ergänze die passenden Informationen.

(1) Nathan/Natalie – (2) am Meer/in Wien – (3) prima/nicht schön
(4) warm/kalt – (5) Spaghetti/Schnitzel
(6) am Strand/in den Bergen – (7) klettern/schwimmen

Lieber ____________ (1) ,

ich bin hier ____________ (2). Das ist nicht so toll, Städte mag ich lieber. Das Wetter ist ____________ (3). Es regnet und es ist windig. Das Wasser ist auch ____________ (4). Brrr. Und dann essen wir hier immer ____________ (5) – klar, wir sind ja in Italien. Heute sind wir ____________ (6) und spielen Beach-Volleyball. Hahaha: Da ist man in Italien und kann nicht im Meer ____________ (7). ☹

Herzliche Grüße, dein Ferdinand

b Wie sind deine Ferien? Kreuze die passenden Bilder an.
Schreib dann eine E-Mail an einen Freund / eine Freundin ins Heft.
Vergiss nicht die Anrede und die Grüße. Aufgabe **6a** hilft.

 ☐
 ☐
 ☐
 ☐

 ☐
 ☐
 ☐
 ☐

 ☐
 ☐
 ☐
 ☐

Ich kann eine E-Mail über meine Ferien schreiben.	☺	😐	☹	E11, A2

Kunterbuntes

Magisches Quadrat: Aktivitäten und Angebote in deutschen Schulen

Welcher Satz passt zu welchem Wort/Bild?

Schreibe die Zahlen der Sätze in die richtigen Kästchen. Zähle dann die Zahlen jeder Reihe (→) und jeder Spalte (↓) zusammen. Was ist das Ergebnis?
Tipp: Es ist immer dieselbe Zahl.

Wetterstation

Waldprojekt

Erste-Hilfe-Kurs

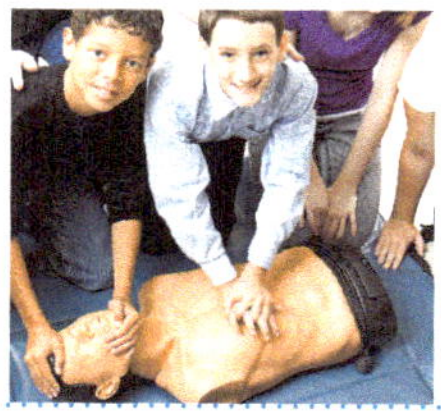

☐ + ☐ + ☐ = ___

Judo

Schulzoo

Schulgarten

1 + ☐ + ☐ = ___

Astronomie

Klettern

Zauberkurs

☐ + ☐ + ☐ = ___

= ___ = ___ = ___

1 = Hier trainiert man einen Sport aus Japan.
2 = Hier lernt man, wie man kranken Menschen im Notfall hilft.
3 = Das kann man in der Halle oder in den Bergen machen.
4 = Hier lernt man Kartentricks.
5 = Hier können Schüler Tiere füttern und streicheln.
6 = Hier messen Schüler die Temperatur, den Regen und den Wind.
7 = Hier lernen Schüler die Namen von Bäumen  und Tieren.
8 = Hier beobachtet man die Sterne und den Himmel .
9 = Hier pflanzen Schüler Tomaten und Salat an.

Wer pflanzt den größten Kürbis?

Dafür braucht ihr:

Im Mai:
Steckt zwei bis drei Kürbiskerne in den Boden. Immer wieder mit etwas Wasser gießen. Die Pflanzen wachsen schnell!

Pflanzen im Beet verteilen. Genug Platz zwischen den Pflanzen lassen!

Immer wieder mit viel Wasser gießen.

Im Herbst:
Jetzt könnt ihr die Kürbisse ernten.

Macht ein Kürbisgesicht – oder eine leckere Suppe!

Kunterbuntes

Wörter-Klettergarten

1 Finde die sechs Sportarten in diesem Buchstabenfeld und markiere den Weg wie im Beispiel.

F	E	N	L	U	Y	B	M	L	W	Q	K	H	S
Q	Q	U	F	J	J	Y	Q	O	I	H	T	R	A
W	J	B	P	C	S	S	T	E	R	D	E	O	F
P	M	T	M	J	L	B	K	Q	A	C	N	E	D
D	B	H	R	O	S	R	Q	E	O	D	A	H	B
P	C	U	B	I	L	E	C	W	B	P	A	W	M
G	A	N	I	C	A	O	C	O	U	X	E	E	F
X	F	E	L	K	E	S	J	N	S	A	Y	R	G
M	B	N	Y	B	L	D	E	R	N	N	U	A	D
X	K	I	T	B	D	L	A	K	E	H	L	E	K
P	K	S	E	U	B	U	O	T	V	Q	F	S	X
C	H	U	R	F	E	N	B	J	M	K	L	G	Y
R	H	C	Y	W	V	N	N	O	W	T	M	V	W

2 Wie heißen diese Sportarten in deiner Sprache? Mach eine Liste.

1 Bubble soccer: __________

2 __________

3 __________

4 __________

5 __________

6 __________

Bastelt Windmesser.

Dafür braucht ihr:

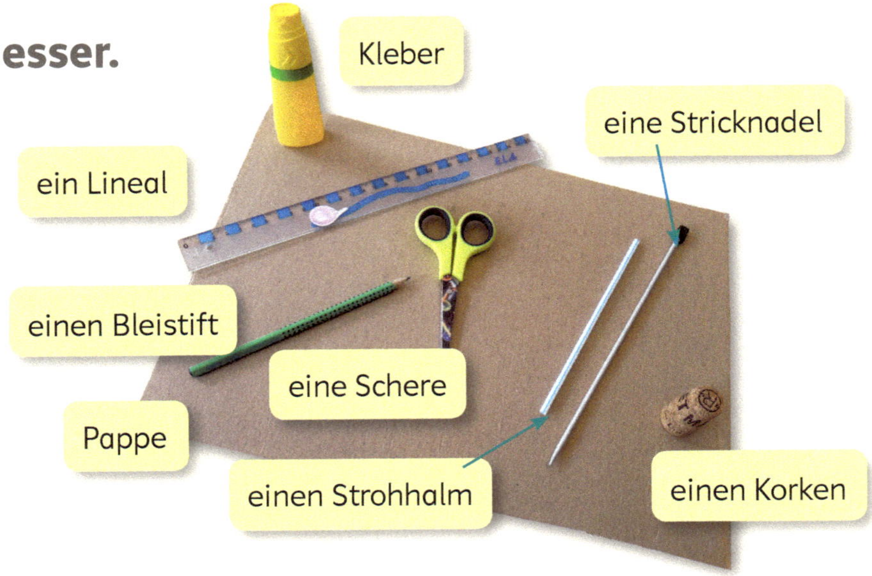

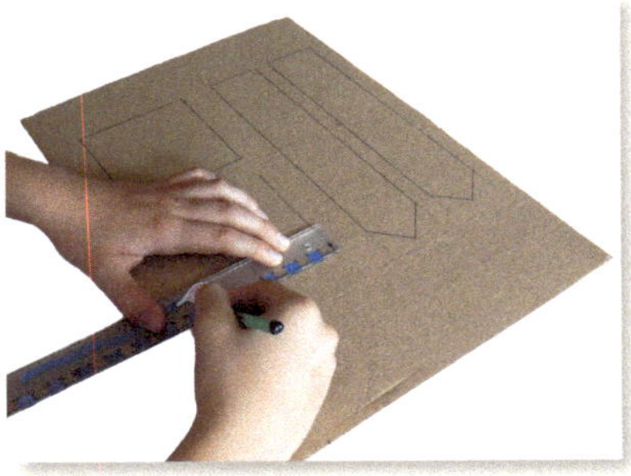

Zeichnet die Formen (Quadrat, Pfeil) auf die Pappe auf. Ihr braucht jede Form zwei Mal.

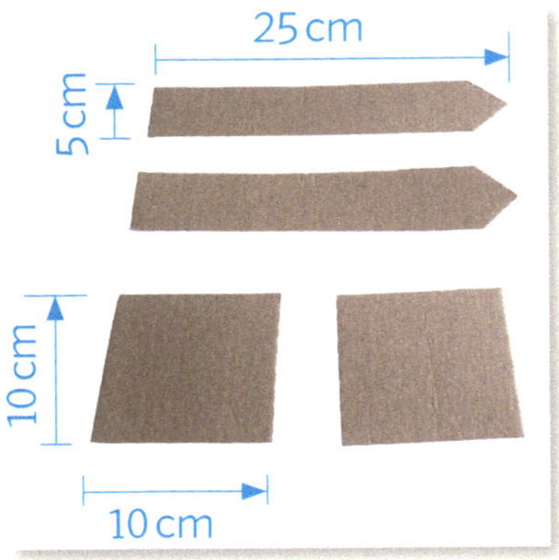

Schneidet die Formen aus.

Steckt nun die Stricknadel durch den Strohhalm.

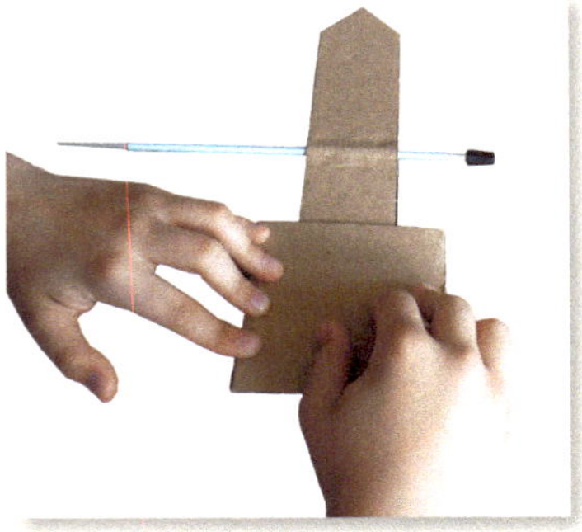

Klebt die beiden Pfeile um den Strohhalm und dann die Quadrate links und rechts an das Pfeilende.

Bohrt die Stricknadel in den Korken.

Mit einem Kompass könnt ihr die genaue Windrichtung feststellen.

Jetzt könnt ihr sehen, woher der Wind kommt!

Kunterbuntes

Städte-Puzzle

1 Hier erfährst du etwas über drei große Städte in Deutschland, Österreich und der Schweiz. Leider fehlen einige Informationen. Ergänze die Texte. Der Kasten hilft.

Du kannst auch im Internet recherchieren:
www.berlin.de / www.wien.at / www.bern.ch

Münster – 3,5 Millionen – Wannsee – Tiere – Donau – Riesenrad
Brandenburger Tor – Hauptstadt – Österreich – 140 000 – Schloss

Bern ist die Hauptstadt von der Schweiz. Es gibt viele interessante Sachen zu sehen: das Bundeshaus, das ______ und den Zeitglockenturm. Und man kann ______ sehen: Bären! Sie klettern, spielen und fischen. Bern hat ______ Einwohner.

Wien ist die Hauptstadt von ______ mit 1,8 Millionen Einwohnern an einem großen Fluss: an der ______. Es gibt sehr viele Theater und Museen, Geschäfte und Sehenswürdigkeiten. Im Prater kann man ______ fahren. Im Park von ______ Schönbrunn kann man spazieren gehen.

Berlin ist die Hauptstadt von Deutschland mit ______ Einwohnern. Zwei Flüsse fließen durch die Stadt, die Spree und die Havel. Im Sommer gehen die Berliner gern baden, z. B. am ______ oder am Müggelsee. Berühmte Sehenswürdigkeiten sind das ______ ______ der Reichstag, der Fernsehturm und der Zoo.

2 Macht zu viert ein ähnliches Porträt über eine Stadt in eurem Land. Sucht dafür im Internet Informationen und ein oder zwei Fotos. Schreibt einen ähnlichen Text und stellt eure Stadt in der Klasse vor.

Lösungen: Meine Stärken 1

1

	Montag	Dienstag	Mittwoch
8:00 – 8:45	**Englisch**	Mathematik	Sport
8:45 – 9:30	Geografie	Mathematik	Sport
9:50 – 10:35	**Sport**	Englisch	**Biologie**
10:35 – 11:20	Musik	Biologie	Französisch
13:15 – 14:00	**Mathematik**	Deutsch	frei
14:00 – 14:45	Französisch	Kunst	
15:00 – 15:45	Deutsch	**Geschichte**	

2 **Hörtext:** Ich heiße Lena und das ist mein Klassenzimmer. Es ist nicht sehr gross, aber schön. Also, vorne links ist die Tür. Rechts neben der Tür sind zwei Poster. Die brauchen wir für Geografie. Hinten in der Mitte ist die Tafel. Da schreibe ich gern. Und links neben der Tafel ist ein Regal für Bücher. In der Mitte sind fünf Tische. Rechts im Klassenzimmer sind zwei Fenster. Mein Tisch ist neben einem Fenster. Das finde ich gut. Und vorne rechts ist ein Sofa. Es ist blau – das ist meine Lieblingsfarbe!

3 1 falsch – 2 falsch – 3 richtig – 4 falsch – 5 richtig – 6 falsch – 7 richtig

4

a
- ● Haben Sie ein bisschen Zeit?
- ○ Ja, klar. Was möchtest du wissen?
- ● Mögen Sie die Hanseschule?
- ○ Ja, ich finde sie toll.
- ● Wie lange unterrichten Sie schon?
- ○ Sechs Jahre.
- ● Und was ist Ihr Lieblingsfach?
- ○ Ich unterrichte am liebsten Geografie.
- ● Was sind Ihre Hobbys?
- ○ Ich singe gern und spiele Saxofon.
- ● Sind Sie auch sportlich?
- ○ Nein, ich bin nicht sportlich.
- ● Mögen Sie Tiere?
- ○ Ja, sehr. Ich habe einen Hund und eine Katze.

5 Beispiele:
- ■ Bist du sportlich?
- □ Ja, ich spiele Tennis.
- ■ Magst du Bastian Baker?
- □ Ja, sehr.
- ■ Was sind deine Hobbys?
- □ Lesen und Klavier spielen.
- ■ Was ist dein Lieblingstag?
- □ Mein Lieblingstag ist (der) Mittwoch.
- ■ Hast du Tiere?
- □ Ja, zwei Katzen.

7 Beispiele:

- ▲ Ich spiele am Computer. Machst du mit? △ ☹ Ach, das ist nicht interessant.
- ▲ Kommst du mit ins Kino? △ ☹ Keine Zeit. Ich habe Gitarrenunterricht.
- ▲ Ich gehe Fußball spielen. Kommst du mit? △ ☺ Das ist super! Ich spiele gern Fußball.
- ▲ Ich koche Spaghetti. Machst du mit? △ ☺ Ja, ich liebe Spaghetti.
- ▲ Ich fahre Skateboard. Kommst du mit? △ ☺ Ja, das ist klasse.

8 **a** 1 a; 2 b; 3 b; 4 c; 5 a; 6 c; 7 a; 8 c; 9 a; 10 a; 11 b; 12 c

Lösungen: Meine Stärken 2

1 1 Emilia; 3 Lilly; 4 Pia; Bild 2 bleibt übrig.

2 22. Juni; am Meer; Bus; Sonne, 30 Grad; surfen

3 Liebe Sandra,
herzliche Grüße aus Garmisch.
Ich bin hier bei meiner Tante Marie. Sie hat ein Haus **in den Bergen (f)**. Das Wetter ist **toll: Die Sonne scheint (f)** und **ich fahre jeden Tag Skateboard (f)**. Auch das Essen ist super. Meine Tante kann sehr gut kochen. Heute gibt es mein Lieblingsessen: **Schnitzel mit Pommes (r)**! Lecker! Leider habe ich hier **keine Freunde** ☹ **(f)**. Aber ich kann im Internet surfen und **dir schreiben (r)** – das ist gut.
Liebe Grüße und bis bald!
Tom

4 1 Meike; 2 Benjamin; 3 Stefanie; 4–; 5–; 6 Sven

6 **a** 1 Nathan; 2 am Meer; 3 nicht schön; 4 kalt; 5 Spaghetti; 6 am Strand; 7 schwimmen
b Beispiel:

Liebe Lena,
ich bin hier im Ferienlager. Das ist toll. Das Wetter ist prima. Die Sonne scheint und es ist warm. Wir können oft schwimmen. Das Essen ist auch gut: Ich liebe Pizza!
Herzliche Grüße und bis bald!
Stefanie

Quellen

S. 6	Dreamstime.com (Tracy Whiteside), Brentwood, TN
S. 11	Shutterstock (Dmitry Naumov), New York
S. 13	Lehrer: Dreamstime.com (R. Gino Santa Maria / Shutterfree, Llc), Brentwood, TN; Lehrerin oben: Shutterstock (India Picture), New York; Lehrerin unten: Shutterstock (Suzanne Tucker), New York
S. 20	Junge links: Thinkstock (Jupiterimages), München; Mädchen links: Thinkstock (Olesya22), München; Mädchen rechts: Thinkstock (Jupiterimages), München; Junge rechts: Thinkstock (amazingmikael), München
S. 23	Meike Birck, München
S. 27	Dreamstime.com (Racorn), Brentwood, TN
S. 30	Shutterstock (Josef Hanus), New York
S. 31	Wetter-Icons: Shutterstock (En min Shen), New York
S. 32	Jeans: Shutterstock (photolinc), New York Schal: Shutterstock (mimo), New York; Jacke: Shutterstock (studiovin), New York; Pullover: Shutterstock (Elnur), New York; T-Shirt: Shutterstock (Reshetnyova Oxana), New York; Mütze: Shutterstock (vitaliy_73), New York
S. 33	Wetter-Icons: Shutterstock (En min Shen), New York; Heidelberg: Dreamstime.com (Sergiyn), Brentwood, TN; Hamburg: Dreamstime.com (Dynamixx), Brentwood, TN; Berlin: Dreamstime.com (Claudia Paulussen), Brentwood, TN
S. 35	Mädchen: Fotolia (ulza), New York; Junge: Shutterstock (sylv1rob1), New York
S. 36	Mädchen: Fotolia (pete pahham), New York; Junge: Fotolia (Andrey Kiselev), New York
S. 38	Mädchen: Thinkstock (lolo99), München; Junge Mitte: Thinkstock (g-stockstudio), München; Junge re.: Fotolia (pete pahham), New York
S. 40	Wetter-Icons: Shutterstock (En min Shen), New York
S. 43	Meike Birck, München
S. 44	Bus: Shutterstock (Nerthuz), New York; U-Bahn: Shutterstock (hanohiki), New York; Roller: Shutterstock (Zovteva), New York; Fahrrad: Shutterstock (steamroller_blues), New York; Auto: Shutterstock (Rawpixel.com), New York; Skateboard: Shutterstock (Heike Brauer), New York; Mädchen: Thinkstock (Vstock LLC), München
S. 45	Wetter-Icons: Shutterstock (En min Shen), New York
S. 46	Bus: Shutterstock (Nerthuz), New York; Wetter-Icons: Shutterstock (En min Shen), New York
S. 48	Mum and Dad: iStockphoto (swissmediavision), Calgary, Alberta; Toronto: Fotolia (niloo), New York; Mike: Shutterstock (Sabphoto), New York; Skyline Toronto: iStockphoto (AndresGarciaM), Calgary, Alberta; Hotel: Shutterstock (DayOwl), New York; Reisebus: iStockphoto (buzbuzzer), Calgary, Alberta; Junge schwimmt: iStockphoto (Argument), Calgary, Alberta
S. 50	Foto 1: Thinkstock (NickNick_ko), München; Foto 2: Thinkstock (Fuse), München; Foto 3: Thinkstock (m-imagephotography), München; Foto 4: Thinkstock (gpointstudio), München; Foto 5: Thinkstock (SimonDannhauer), München; Foto 6: iStockphoto (kruwt), Calgary, Alberta
S. 52	Rad: Shutterstock (steamroller_blues), New York; Bus: Shutterstock (Nerthuz), New York; Auto: Shutterstock (Rawpixel.com), New York
S. 53	Schnitzel: Shutterstock (a9photo), New York; Regen: Shutterstock (Toa55), New York; Schwimmbad: Shutterstock (Snapper 68), New York; Jugendliche: Shutterstock (Monkey Business Images), New York
S. 55	Meike Birck, München
S. 57	Wetterstation: Thinkstock (501room), München; Waldprojekt: Shutterstock (Lapina), New York; Erste Hilfe: Shutterstock (Lisa F. Young), New York; Judo: Judo: Shutterstock (dimair), New York; Schulzoo: Shutterstock (Aubord Dulac), New York; Schulgarten: Shutterstock (alexkatkov), New York; Astronomie: Shutterstock (racorn), New York; Klettern: Shutterstock (Armin Staudt), New York; Zauberkurs: Thinkstock (Fer Gregory), München
S. 58	Gießkanne: Marion Schomer, Erlangen; Kürbiskerne säen: Marion Schomer, Erlangen; junge Triebe: Shutterstock (GOLFX), New York; Pflanzen aussetzen: Shutterstock (a9photo), New York; gießen: Shutterstock (Denis Pogostin), New York; Kürbisse im Garten: Shutterstock (MNStudio), New York; Kürbisse freigestellt: Shutterstock (Yellowj), New York
S. 59	Snowboarden: Shutterstock (IM_photo), New York; Klettern: Shutterstock (Armin Staudt), New York; BMX fahren: Shutterstock (s-ts), New York; Bubble Soccer: Shutterstock (Mauro Rodrigues), New York; Slacklinen: Shutterstock (Matej Kastelic), New York; Kitesurfen: Shutterstock (EpicStockMedia), New York
S. 60	alle: Marion Schomer, Erlangen
S. 61	Bern: Shutterstock (Leonid Andronov), New York; Wien: Shutterstock (Radu Bercan), New York; Berlin: Shutterstock (Matthew Dixon), New York

Audios zum Arbeitsbuch
Jugendliche Sprecher: Marco Diewald, Sarah Diewald, Luc Hirte, Matteo Jutzi, Pascal Mertz, Christian Noaghiu, Luca Pauli, Katharina Reher, Marilena Reher, Anabel Streitel-Yildirim, Marcel Wellmann
Erwachsene Sprecher: Markus Brendel, Giulia Comparato, Julia Cortis, Claudia Kaffka-Jutzi, Peter Veit
Musikproduktion, Aufnahme und Postproduktion: Christoph Tampe, Plan 1, München
Regie: Elke Sagenschneider Texte und Projekte, München; Helen Schmitz
Laufzeit: 20:21 Min.